# BELONGS TO

____________________

____________________

# CRYPTOGRAM

1. GNUSR GRJJVP UNSSP INWR URRJ FJMEJ GM GDNWRS MHH GIR QNBBSR NG PQRRBP ZQ GM 160 FO/ID.

--

2. HTMIH LRQO NDMF GDHOH.

--

# CRYPTOGRAM

3.

B J B L Q   W B L H P G ,

V G A O K Y V G M   V Y B G F V A U O

F I V G H ,   Z U H   U   K G V D K B

B Q B   &   F P G M K B   W L V G F

U O P G M   I V F Z   F Z B V L

T V G M B L W L V G F .

--

**CRYPTOGRAM**

4. KVI GIJMRERKPDL DH
PLGIFILGILJI NRZ
NEPKKIL DL VIQF
( QREPUCRLR ) FRFIE.

--

5. VWM SQKTZAJ URG VWM
GAGVMF GWAZ SO VWM
VAVRLAJ , RLH GWM
ZFSCAHMH VUMLVK-OACM
KMRFG SO GMFCAJM.

--

**CRYPTOGRAM**

6.

C _ A P Y A T _ R C B , _ I C B

T S B P C _ P C R E C , _ T S Q W O

L T Y _ D Y A S D W _ H S D

W D K B F K B X _ S B Y _ Q K L Y D _ S H

G Y Y D _ K B _ 4 . 1 1 _ O Y A S B W O .

**7.**

FJRS ABJXKYG USJIRYMA
KLMD VKFMS JQ XRYRA
MOMSF BDJ DMMHA AJ
BGKB ZB IJMAL'B
IZPMAB ZBAMVQ.

--

**8.**

ICWAQDJFPY EPZPWK QD
KDJZPDL FPB SRKU BQV
FCDLUKL USSYB.

--

9.

SBP OPDNG NA SBP

MZLSCMJFMD XCNKD

LDMVP FL LN HNKPCAZJ

NDJI 1/14,000SB NA MD

NZDQP FL PDNZYB SN

VFJJ M BZGMD.

--

10.

ZAC ANWOE IHOUE UV

OIGNZ 75% DOZCH.

--

CRYPTOGRAM

11. N F U   R Q K U H   J R H H T   W Q
Y U Q U I E U H R   R V U   Q U R V H A
2 0   N W B U T   N R H H U V   N F R Q
Q W R K R V R   J R H H T .
--

12. R   P Q W H K O Y N   J U Y Y
E K I W E I U X R X K   U X H   O Q Q C
R F C   K R X   U X   R I R U F .
--

# CRYPTOGRAM

**13.**

| | | | | | | | | | | | | | | | | | | |
|---|---|---|---|---|---|---|---|---|---|---|---|---|---|---|---|---|---|---|
| B | F | Y | | L | F | Z | S | B | Y | L | B | | O | S | W | B | W | L | F |

| | | | | | | | | | | | | | | | |
|---|---|---|---|---|---|---|---|---|---|---|---|---|---|---|---|
| U | Z | D | V | S | G | F | | N | V | L | | G | F | V | S | E | Y | L |

| | | | | | | | | | | | | | |
|---|---|---|---|---|---|---|---|---|---|---|---|---|---|
| W | , | | N | F | Z | | N | V | L | | 4 | | X | Y | Y | B | | 9 |

| | | | | | |
|---|---|---|---|---|---|
| W | D | G | F | Y | L | . |

--

**CRYPTOGRAM**

14.

T RIDZOE'R HOG DR QFJ

T WFYO, GPJ ETJWOE T

JETI XFE DJR XFFZ.

JWON TEO TR

DQZDMDZPTK TR

RQFHXKTCOR, HDJW QF

JHF OMOE GODQB JWO

RTYO. RFYO JEFIDATK

RIDZOER WTMO GPDKJ

HOGR FMOE ODBWJOOQ

XOOJ TAEFRR.

--

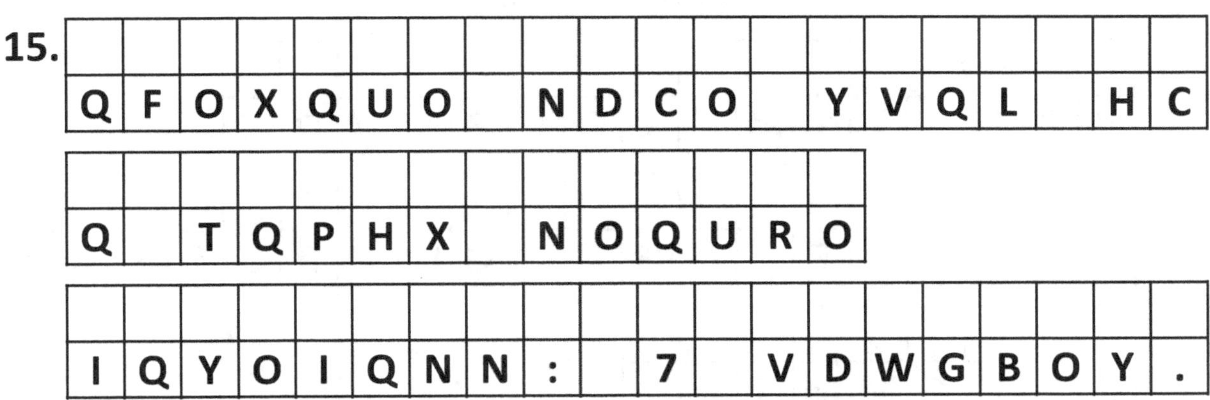

# CRYPTOGRAM

15. Q F O X Q U O   N D C O   Y V Q L   H C

Q   T Q P H X   N O Q U R O

I Q Y O I Q N N :   7   V D W G B O Y .

16. L M Y X P K   V D   K U Y   Q O Z G

Y O B Z V D U   A Q M L   K U X K

Y O L D   V O   K U Y   Z Y K K Y M D

" P K . "

17.

M Q K   L I M   I O K F   M Q K

S K M M K F   " G "   G W   P D S S K L

D   M G M M S K .

  --

18.

L O   P R D Y ,   L R   L G

L M M N E D M   R U   G Q N D J   L O

B J U O R   U B   D   A N D A

Z N J G U O .

  --

**19.**

| W | D | T | | K | P | X | T | | Q | T | T | G | | A | Z | X | T | I |

| H | L | Z | X | | " | V | G | " | , | | W | D | T | | P | L | X | M |

| P | C | C | L | T | B | U | P | W | U | Z | K | | H | Z | L |

| V | T | K | T | L | P | Y | | G | F | L | G | Z | I | T | . |

--

**20.**

| C | W | | 1 | 9 | 3 | 3 | , | | S | C | K | V | L | H |

| S | Q | F | T | L | , | | O | W | | O | W | C | S | O | P | L | A |

| K | O | Y | P | Q | Q | W | | K | Z | O | Y | O | K | P | L | Y | , |

| Y | L | K | L | C | B | L | A | | 8 | 0 | 0 | , | 0 | 0 | 0 | | N | O | W |

| M | L | P | P | L | Y | T | . |

--

**CRYPTOGRAM**

21.

ZUYVMUP MVYD VG YTF

GCUXXFGY MKQPYAD VP

YTF LKAXW, LVYT U

OKOQXUYVKP KB 1000

UPW EQGY 108.7

UMAFG.

--

**22.**

QKONRIX RF NOXLN RI

ZLBLXKLS LF NUIX LF

PUJA ZLBJROF LBO

BOXRFJOBOQ PNUUQ

QUIUBF.

**23.**

TQTZL XFJT LCS HFUO

N WXNJD, LCS'ZT

UCVWSJFVK 1/10 CEN

UNHCZFT.

**CRYPTOGRAM**

24. X L V A   L P Z L R A   V I K C
P B O V   Z N B C   B D E V E C Q L
F L H B .

--

25. P F C   Q F B H V D C Q V W
T C C P R C   B W   P F C
W P Q V H S C W P   J H B Z J R   J H M
B W   D J N J T R C   V E
R B E P B H S   8 5 0   P B Z C W
B P W   V L H   L C B S F P .

--

26. SZU VMGODUNS KMKU UHUF BJN 11 VUJFN MPX.

--

27. YKTGHQM YJZ Y TZTIZJ GW VEZ BZYPE WYTRKA.

--

28. ALFENIFYONIXPBMFI JOIHE DOIL BD APO HQJMOL 13.

--

**29.**

V I G W   Y L B Q   1 , 0 0 0

M T P P W G W Q Y   J B Q O C B O W N

B G W   N U I F W Q   I Q   Y L W

K I Q Y T Q W Q Y   I P   B P G T K B .

--

**30.**

Y R B J S B K   L C   D Z R   N E H K

U H X E R D   P Z N C R   N B G L D

L C   J N U H X E X B   P L D Z   L D C

R F S X D N B .

--

**CRYPTOGRAM**

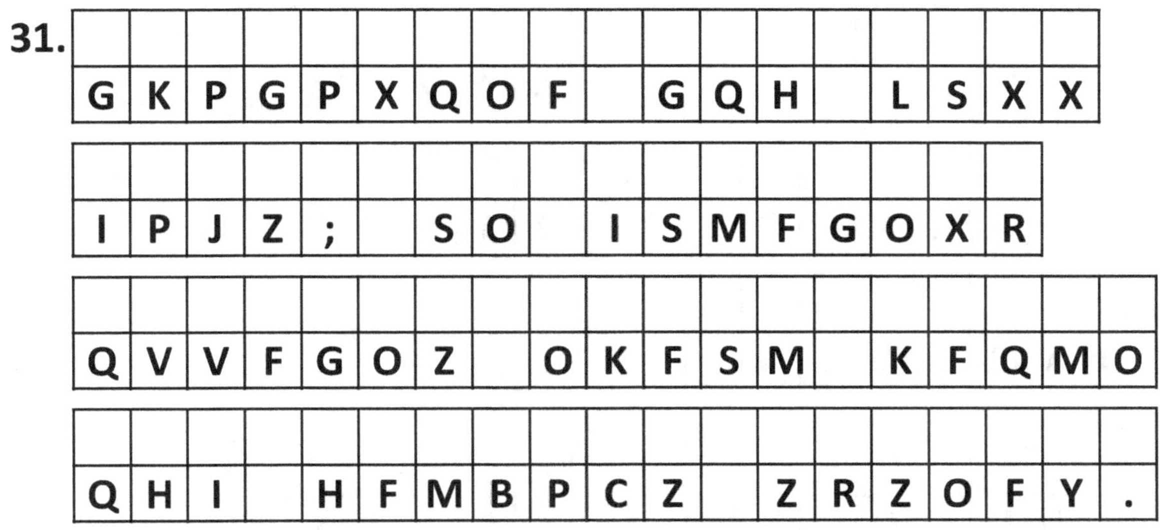

31.
G K P G P X Q O F  G Q H  L S X X

I P J Z ;  S O  I S M F G O X R

Q V V F G O Z  O K F S M  K F Q M O

Q H I  H F M B P C Z  Z R Z O F Y .

––

32.
N C  X P W  C Q Q S  L  F Q L D W I I

L I R L - F Q I M U Q J ,  N M F

F M P A L B O  Z N I I  Q G T I P S Q .

––

33.
K X O E  A F W O E F Y D

Y X H E I F H O  U F O L

O Y I A N O .

––

# CRYPTOGRAM

**34.**

```
ZGFR TO ZRFSZDRU
RBRZN OTQ JTYEDRO TY
DXR E.O.
```

--

**35.**

```
GOUHU XHU 45 FVMUK
SJ AUHEUK VA GOU
KWVA SJ X OCFXA
NUVAP.
```

--

36. Y C   G D M S G I M ,   1 2
C M K A Y S C U   K J Z Z   A M
I J D M C   E Y   E T M   K S Y C I
R G S M C E U   M D M S F   V G F .
--

37. L V C   R . Y .   F T R M V L
W U W Y P W   S T A   2   B C G L Y
W G   W B A C   S A T H   A R Y Y O W .
--

# CRYPTOGRAM

**38.**

| | | | | | | | | | | | | | | | | |
|---|---|---|---|---|---|---|---|---|---|---|---|---|---|---|---|---|
| L | S | U | D | U | | Z | D | U | | R | T | U | D | | 5 | 8 |

| K | P | W | W | P | R | H | | Y | R | O | J | | P | H | | L | S | U |
|---|---|---|---|---|---|---|---|---|---|---|---|---|---|---|---|---|---|---|

| E | J |
|---|---|

--

**39.**

| H | G | C | L | R | | Q | T | D | Y | | X | P | V | I | E | P | K | J | R |
|---|---|---|---|---|---|---|---|---|---|---|---|---|---|---|---|---|---|---|---|

| J | T | K | C | W | F | | S | P | I | L | B | H | H | . |
|---|---|---|---|---|---|---|---|---|---|---|---|---|---|---|

--

**40.**

| R | Y | U | S | G | | X | S | R | | K | D | G | R | P |
|---|---|---|---|---|---|---|---|---|---|---|---|---|---|---|

| S | W | W | Q | W | | P | L | | B | T | Q | X | D | I | U | | U | Y | A |
|---|---|---|---|---|---|---|---|---|---|---|---|---|---|---|---|---|---|---|---|

| D | I | | 1 | 8 | 6 | 9 | | F | M | | S |
|---|---|---|---|---|---|---|---|---|---|---|---|

| W | Q | I | P | D | R | P | , | | X | D | E | E | D | S | A |
|---|---|---|---|---|---|---|---|---|---|---|---|---|---|---|---|---|

| R | Q | A | H | E | Q | . |
|---|---|---|---|---|---|---|

--

## CRYPTOGRAM

**41.**

D T U M K B ,   L M P T C   O C   L J M

A . C . ' C   S T U L J M C L

O Q D T Q K   F B U L .

--

**42.**

B   M D S F   D S   I L X Z L X U L

Z N B Z   Y I   Z N L   I B A L

J S D X Z   B X F   O B U C

( S B U L U B S ,   C B H B C )   Y I

U B G G L F   B

" K B G Y X F S D A L " .

--

# CRYPTOGRAM

**43.**

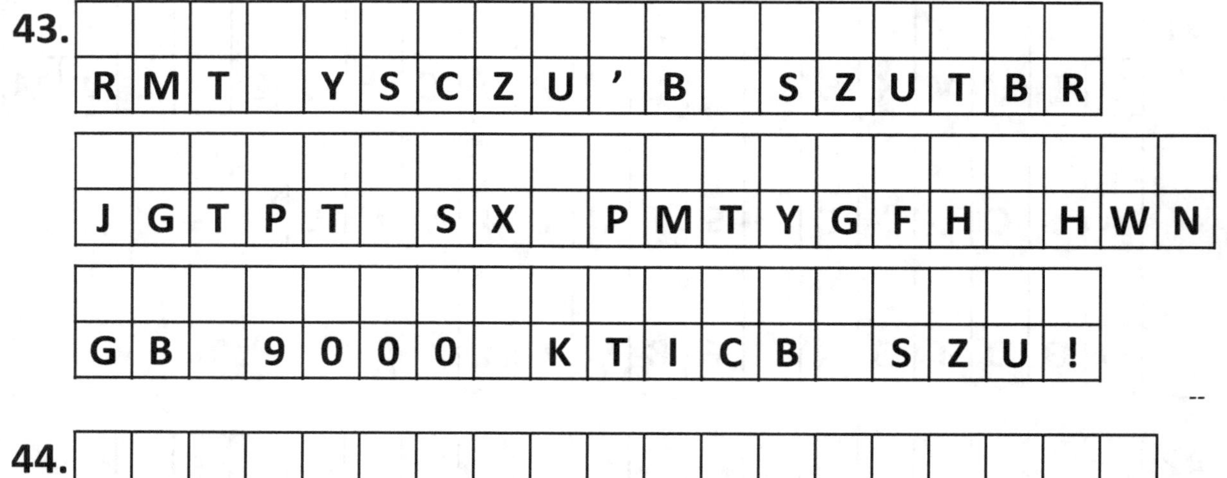

R M T  Y S C Z U ' B  S Z U T B R

J G T P T  S X  P M T Y G F H  H W N

G B  9 0 0 0  K T I C B  S Z U !

--

**44.**

B  F A Q I L B L H  I S W U N O X V

O X  T B W W Q U  B  H K O H .

--

**45.**

N S B L I H  D U  H Y B  M E X Q

B E O X D U Y  F M S N  H Y L H

B E N U  D E  H Y B  X B H H B S U

" I H " .

--

**46.**

N P Y Q P M ,   L T S T M B N T

S B J R   L S B F C   E T   E Z P

F Y Q P Y E F T Y   T U   E Z P

L Z P P R P X A M D P M .

--

**47.**

1 4 %   Y D   M N N   D M H S R   M G J

R S M S X R S X H R   M F P   V M J P

B U   M G J   2 7 %   Y D   U P Y U N P

Q G Y K   S I M S   D M H S .

--

# CRYPTOGRAM

**48.**

J F  " Q J P M F X M  W D  O V M

P T B K Q " ,  V T F F J K T P

P M X O W E  ( T F O V W F N

V W Y I J F Q )  F M Z M E

K P J F I Q .

--

## CRYPTOGRAM

**49.**

L D S K   W R D O J V X   X J W   R D

B K D N S V A   J   C A Y   P J L A K

D Z   O S V S W   A M A K L   R Y D

Y A A I W   D K   T R   Y T P P

N T F A W R   T R W A P Z .

--

**50.**

L Y Q   D R W F L   C N B A U V X B ' F

W Q F L V O W V U L   R U   N V U V B V

G V F   R U   W R N Y C A U B ,

M W R L R F Y   N A X O C M R V .

--

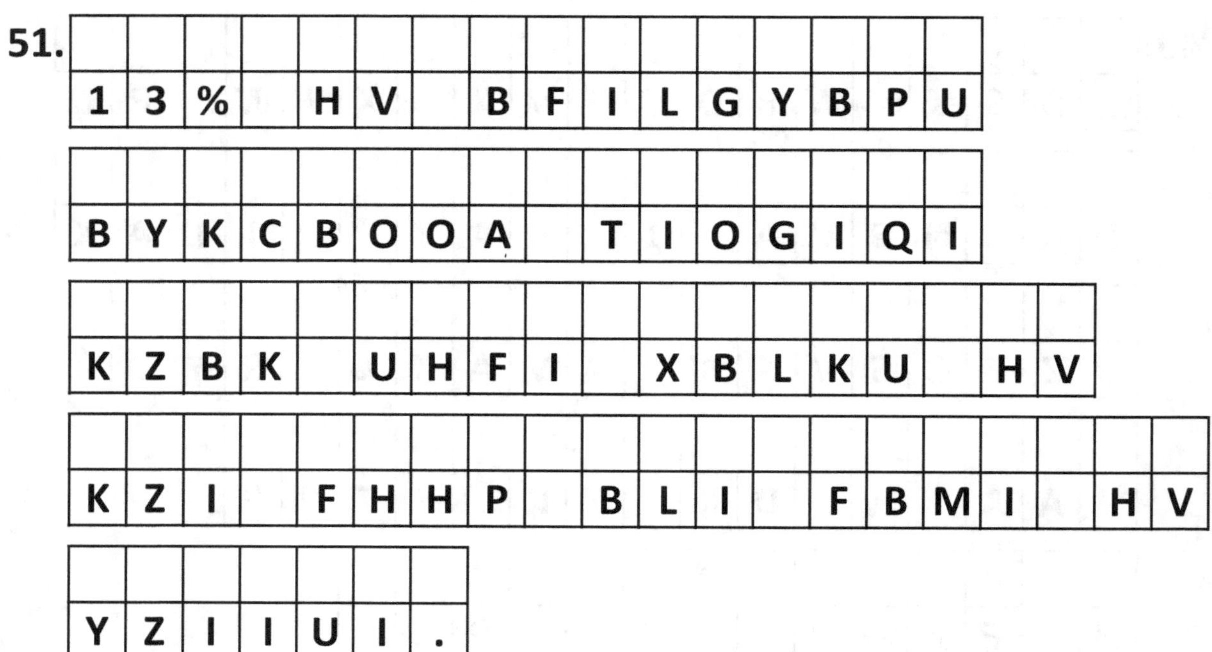

**51.**

13% HV BFILGYBPU BYKCBOOA TIOGIQI KZBK UHFI XBLKU HV KZI FHHP BLI FBMI HV YZIIUI.

--

**52.**

PIWCLU IUS C OHOCZ HM 72 YQMMSBSLO WIUTZSU QL UFSSTP.

--

**53.**

| A | S | D | W | | G | P | | Z | J | X | | N | T | H | K |

| G | P | H | W | T | F | | G | T | | Z | J | X |

| A | W | C | G | D | D | X | W | T | | Z | N | | J | W | E | X | | W |

| C | W | G | H | C | N | W | F | . |

--

**54.**

| P | Y | D | E | D | | J | F | | Z | | 1 | | J | T | | 4 |

| A | Y | Z | T | A | D | | P | Y | Z | P | | T | D | M | | V | I | E | W |

| M | J | K | K | | Y | Z | N | D | | Z | | M | Y | J | P | D |

| A | Y | E | J | F | P | C | Z | F | . |

--

CRYPTOGRAM

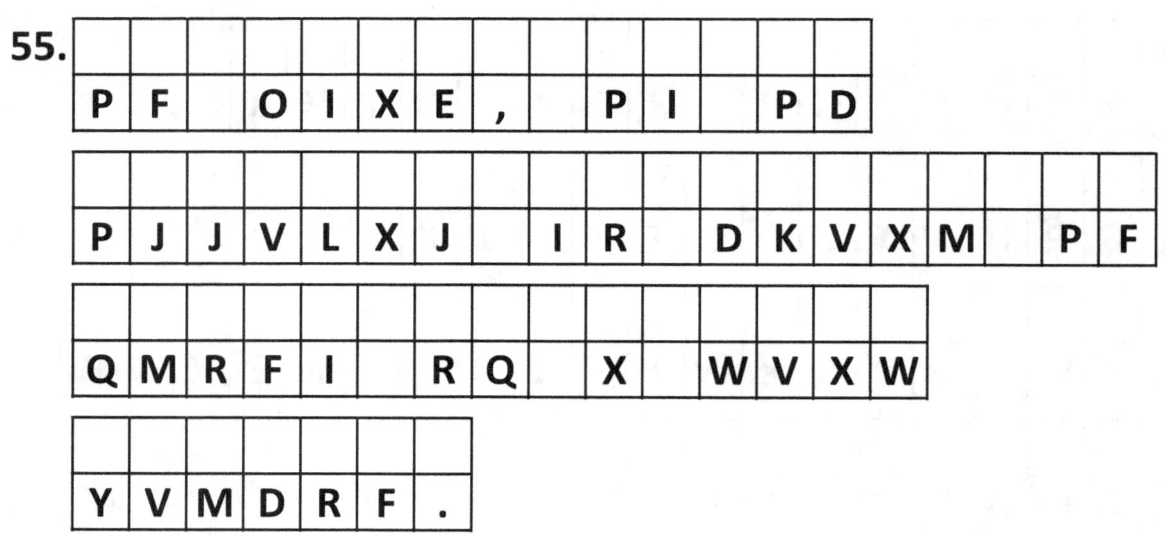

55.
P F   O I X E ,   P I   P D
P J J V L X J   I R   D K V X M   P F
Q M R F I   R Q   X   W V X W
Y V M D R F .
--

56.
Y C D V '   Z I X S F   H Q G N V
Z S R F I   C   M Q C Y T   Q X H O D .
--

57.
J I G   Z P R N   Y G E R   D G Y V Z P
J Z   A G E   D G S   I G E F   Q E V
A G J V N   Y Z V V .
--

# CRYPTOGRAM

**58.**

EBYN WBMF DBKN MDN

DSPDNFM ABMN LI

DLELFNHRBYSMJ LI BOJ

EBEEBY.

**59.**

```
G W L   B W T X T B B T S L O   W H O

H D U R G   7 , 1 0 0   T O X H S I O ,

U K   C W T J W   U S X Q   H D U R G

4 6 0   H Y L   E U Y L   G W H S   1

O F R H Y L   E T X L   T S   H Y L H .
```

**60.**

```
E I G G X Q   D X I S S O   I Q V

H L J G Z X O   R U Z I J Q X   I G X

D G T S L X G   I Q V   H J H S X G .
```

**61.**

A D J   S B H J   Y X   R Q V U J B R

F Y Q A U S J   R Q   W J V A R P R J O

T Y Q D J V .

--

**62.**

G C   C P Z   K R E I   F X W X P ,

G X   G F   G U U P S W U   X R   J B X

W C K   W U V R T R U   R C

F B C N W K F   J P D R E P   C R R C .

--

**CRYPTOGRAM**

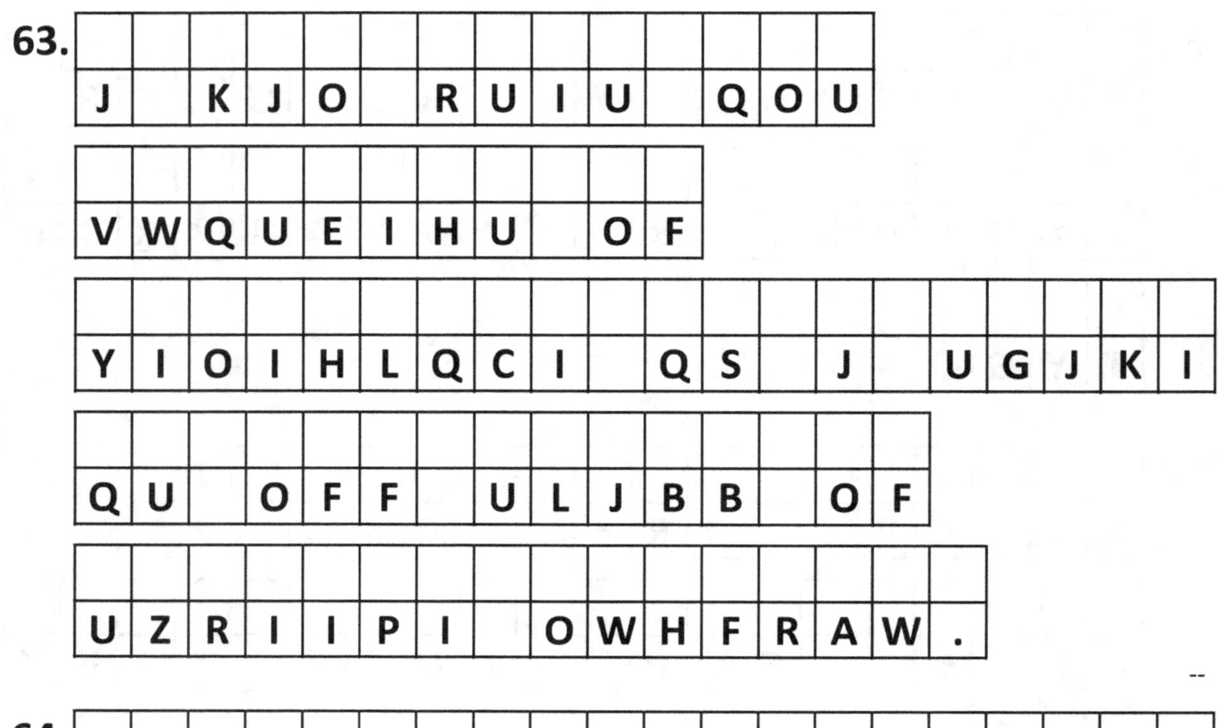

63. J KJO RUIU QOU

VWQUEIHU OF

YIOIHLQCI QS J UGJKI

QU OFF ULJBB OF

UZRIIPI OWHFRAW.

--

64. VFW MWUMCW UZ NRIGWC

QUHROJW JUIW VOIPWLR

MWI QGMNVG VFGH GHL

UVFWI QUOHVIL.

--

# CRYPTOGRAM

**65.**

VNBKX KEQIOI SOHSZO

ZNJO, HQ EJOVEBO,

QNQO COEVG ZHQBOV

XKEQ ZOPX KEQIOI

SOHSZO IH.

**66.**

CDH DIAXF VYOS QE

RYATPQEHO YU 80%

MXCHP.

**CRYPTOGRAM**

**67.**

RMPUF SSZWK QMENJB'C

CZU EULYUBYK SEUTZSU

SZNC.

--

**68.**

BOU HIUXHVU SUHE

RUZLCS PCSS EXHP H

SCZU 35 FCSUT SGZV

GX PXCBU

HRRXGNCFHBUSA 50,000

UZVSCTO PGXET.

--

# CRYPTOGRAM

**69.**

JUAEZYSG PVS AUUL YS

JYCCXDXSR JYDXPRYUSG

FYRZ XVPZ XQX. RZXQ

PVS GAXXE FYRZ USX

XQX UEXS.

--

**70.**

FEDA FEZ UE JCF

VUDDUFE KZFKDZ CUDD

DUPZ JF VZ 116 FO

FDHZO.

--

**CRYPTOGRAM**

71. QV BRZ DTMB 4000

GZTCM VJ VZP TVQSTDM

RTLZ OZZV

FJSZMBQITBZF.

--

72. Y TCUV FYE LDS Y

BPEEVU 300 WVVB (91

T) UCES DE GPHB CEV

EDSOB.

--

## CRYPTOGRAM

**73.**

| U | C | | R | E | Y | J | , | | G | | ' | P | E |

| B | T | Z | T | D | ' | | U | L | | G | | L | M | E | Z | T | | E | J |

| 1 | 0 | . |

--

CRYPTOGRAM

74.

QZUO    SCPPMHLJBMY    GZU

PZYPM    IBPX    PXMBH

LMMP    PR    LBUF    RCP

IXMPXMH    PXM    JMZL

PXMO    YBP    RU    BY    VRRF

PR    JZO    MVVY    RU    PR    SM

PXMBH    GZPMHWBJJZHY'

LRRF    RH    URP.

--

**75.**

A Z G  R Q N U H ' K  C Q L D P G K A

B X N G D A K  R G N G  8  X D H  9

X D H  U E W G H  E D  I Z E D X

E D  1 9 1 0 .

--

**76.**

Q X T  Q B B Q X V Y M C X  O K C

F L E T L Q T S  F L  N X F L K  F L

1 4 9 8 .

--

# CRYPTOGRAM

**77.**

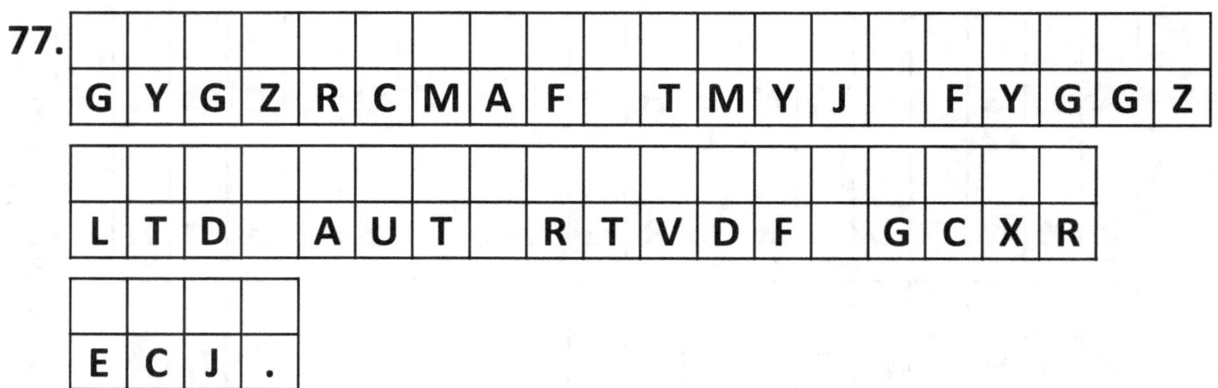

GYGZRCMAF TMYJ FYGGZ

LTD AUT RTVDF GCXR

ECJ.

--

**78.**

UEGN ERI FQUNSN

HER'G TQAXG.

--

**79.**

IXKOHY XYJ O RAROP

AQ 72 LBQQJZJHR

KXYNPJY BH YEJJNI.

--

# CRYPTOGRAM

**80.**

YMXIGJP IZSS OMEG

KGMKSG DNRX KSRXG

FERPNGP.

**81.**

R O D   J R   U J N Z L O Q J Z S P P K

B N   T J I I O A O B M   I A N Q

O S M J B C   P S A C O

G F S B M J M J O R   N I

Z L N Z N P S M O .

--

**82.**

L   D H L F S D P

( A R A - W R F R N V F X A E )   D B G L A

H P H   W L A   E X J S X A Q B X J D

V H S T H H A   5 0 0   J D L E H J   R I

Q N L P .

--

83.

A Z  1 9 8 4 ,  H  Q H Z H G A H Z

X H Y D C Y  K C B H Z  Y C Z S A Z B

H G N C Y S A R A Z B  R E H Q C  L Z

T A R  Q L J R .

84.

J  I U B Y C W X I C G  U C I Y  B G

L J E X  C D  W C L T J W Z X E

U J B I .

85.

V H  V P  V R B E P P V T S O  H E

S V F A  W E I K  O S T E D .

# CRYPTOGRAM

**86.**

TJ KZC ANND H WZIUJTLY TP GYN UHXA XZZO, TG MTII NRNPGCHIIK GCXP MYTGN.

**87.**

PQZL FUS GLZZJZ, ONN FUSC KUIYNF XSLDRYULG GRUH ZWZL FUSC QZOCR.

**88.**

O FOR BOV 32 KQVFJGV WE GOFB GOH.

## CRYPTOGRAM

**89.**

S VRUSC OLSCP PWEG EP OUSZW. EBP NDC EP SZBDSUUH ZULSC, ODB UEWL PGRK EB SVVLSCP KYEBL.

--

**90.**

RIOEPTYD KTLS QXWAYT OD AIY WHTODKAOUY.

--

# CRYPTOGRAM

**91.**

LCQ T.Y. UZLK VZLC LCQ

CZJCQYL PSLQ BI

NZJCLDZDJ YLPZHQY FQP

USFZLS ZY UNQSPVSLQP,

INBPZGS.

--

**92.**

E KTLEZT KTMMTG NDZZ

XDT DK DG YUTR DPGU

CTEG EPX IEPPUG KDPX E

LEGT.

--

93.

DPR'LZ TPLU BWGE 300 TPUZN, TRG TD GEZ GWOZ DPR TZSPOZ FU FKRIG, DPR PUID EFYZ 206.

--

94.

XQJVG ICGQEXM BG YPQ YQRPJBRMH YQEO SIE YPQ "OBGGBIJMEU TIGBYBIJ."

--

**CRYPTOGRAM**

95.

NWZ   RQNISRNZY   NZTTZA
SRXWVBZ   (RNS)   JRP
VBNAIYQXZY   VB   ZBMTRBY
VB   1965.

96.

NWQQCB   KCWZZS   WBM
XYRQOCS   FLOWRBC   WQC
KQEZYCQ   WBM   XRXZCQ.

**CRYPTOGRAM**

**97.**

B C K D V B C E    P U L C    Z C C T

Y T W N T    B W    C U B    A W W X

B N V O C    U E    A U E B    N P C T

P C U L J    D C B U M    D H E V O    V E

G M U J V T R .

--

**98.**

W N    M F Q K Q H Z    N C P M    D U Z K

K D C J D N    F H L    D N Q H Z    C H

N C P M    W F T B ,    N C P    T F H H C R

K Q H B    Q H R C    Y P Q T B K F H L .

--

**CRYPTOGRAM**

**99.**

F G X   P T Y R F   I U K I   F G X

V W W T X R   S Y U H H X S   U A

I X Y W T A   T A   N N T T   L T W W X S

F G X   U A W D   X W X H G V A F   T A

F G X   I X Y W T A   J U U .

**100.**

" S F J E H   S F J P "   X U K U

$25,000,000   K U Y U O P ,

Q X L Y H   K F R O H T H   V B F O N

S F K N L V H   E L I K G H O E   X U K U

$190,100   K U Y U O P .

# CRYPTOGRAM

**101.**

AWP GDPXGOP QPXZST
JGFFZ GZFPPQ RT ZPDPT
IRTBAPZ.

**102.**

NFD "HXQQ IDY'C FKQQ
ZP PKID" TC QZJKNDH TY
JKLLZQQ, VTCJZYCTY.

# CRYPTOGRAM

**103.**

A B N B U T V E Y Z V T B J N Y B A L X R Y B

S V B H U   Q V B N   X Q   Q N Y Z B P   J L V

1 3 J L ,   G L Y F L   X F F M N U   X H V

J X   J L N V V   J Y S V U   B   P V B N .

**104.**

D F K Z K   W Z K   W C Y L D   W

P B T T B Y Q   W Q D O   M K Z

M K Z O Y Q .   W Q D O   W Z K   G K Z I

O Y R B W T   W Q B P W T O   W Q J

U B T T   T B G K   B Q   R Y T Y Q B K O

D F W D   R W Q   R Y Q D W B Q

W T P Y O D   5 0 0 , 0 0 0   W Q D O .

# CRYPTOGRAM

105.

JOPJXO OWV SIMOBVM – BWXXOC

"OIVPLPJTWKU" ( JOPJXO OWVSIK

RHKM ) – SV TWM ROOI JNWBVSBOC

ZPN BOIVHNSOM VTNPHKTPHV

WZNSBW, WHMVNWXSW, WMSW, VTO

LSCCXO OWMV, WIC IPNVT,

BOIVNWX WIC MPHVT WLONSBW.

YTU? ROBWHMO LWIU RHKM WNO

RPVT JNPVOSI-NSBT WIC KPPC

MPHNBOM PZ ASVWLSIM, LSIONWXM

WIC ZWVM.

106.

YPD ZIDVZSD APDWB-WKBD

EB Z WZYDL MEQOEG KA

ZUEHY YRE TDZVA.

--

107.

HGOTHN-IOAJ CJTRJDH FI

HGJ CJFCPJ SGF YZJ

CJTZFDQP QKZ IFT

KQHODU QTJ QPTJQKN

XQTTOJK.

--

**108.**

YZ BLYOHBQ CS FMH KCQF

LBG FMHBH YQ L ELKK

DLBWYZJ CS B2-O2 LZO

D-3X0 AHMYZO FMH LBG

**109.**

IQB FWBEFUB TFDFLBJB

QSVJBQSRX GFIMQBJ PSEB

IQFL 10 QSVEJ SO

IBRBWHJHSL F XFC.

**110.**

QSHK YSH YRYLKRG ELKN,

2228 WHUWTH QHFH UK

RY. UKTX 706 EVFDRDHM.

--

**111.**

DZVXMFDSV FIBJ

DXAZVXMFH PBXZV

ZVILLIN MF VTI AMMF

RBVT TBZ JIPV PMMV.

--

**112.**

```
Y I K   T O J I K R O W   T M W   O L
S W P B W   M L   T D .   E O E .   I O L
W M T K   B M L   E O E K W G N T   O W
Y I K   J P T X M W Z ' L   V O D L Y
M G L   O W   1 8 9 6 .
```

\--

**113.**

```
Z R N J   Y N X N D   G B O U   " P N B Q
Q N   T C ,   G F A Z Z J "   A Y   G Z B D
Z D N V .
```

\--

**CRYPTOGRAM**

114.

VL LCPDU BNKD ECSNKVDU

LN DCL C OVDED NW

EDSDKT LACX LAD EDSDKT

ACU VX VL LN IDYVX

GVLA.

115.

QGLLGU QGNYB ARUGL OD

UGK GU KFR IODK GS KGM

10 ARUGLD HRK OK OD

DKOII 40 KOLRD LGYR

KGWOQ KFBU QHBUOCR.

# CRYPTOGRAM

**116.**

KNX NHTDQ CXXK

BXJYBAJX NDIC D BAQK

EC CIHAV D VDU

**117.**

RJGSJH ZVAHVN'H

VJQWDNVCO SH FWNQO

VIWJQ $2,000,000.

# CRYPTOGRAM

**118.**

X K A   F D G Z V G   L K E Z B

P V K G D J   B F D   M V E J

" A Y H H D B " .   K B   K Z   Q

P V A C K G Q B K V G   V L

" A Q E K V G D B B D "   Q G J

" H Y H H D B . "

--

**119.**

K Y   K J Q G K W Q   M Z T K Y   C I O Q O

K X I Z D   2 0 0   M Q K V   M K S G O

B Q G   V K L .

--

**CRYPTOGRAM**

120.

BVU FBIBU KR RXKQNCI

NF JNZZUQ BVID

UDZXIDC.

# CRYPTOGRAM

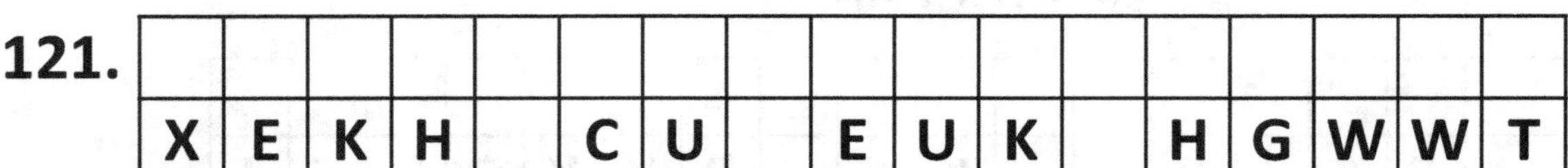

**121.**

X E K H   C U   E U K   H G W W T

--

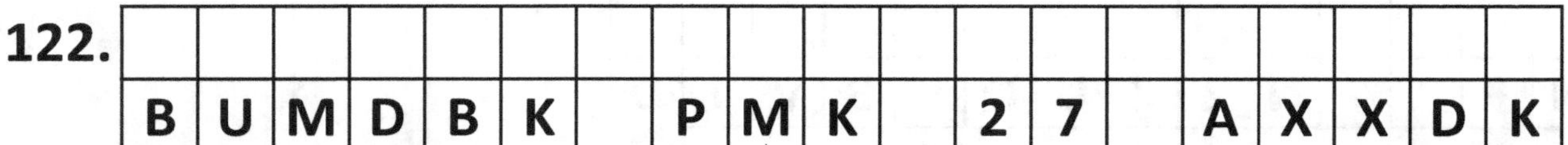

**122.**

B U M D B K   P M K   2 7   A X X D K

--

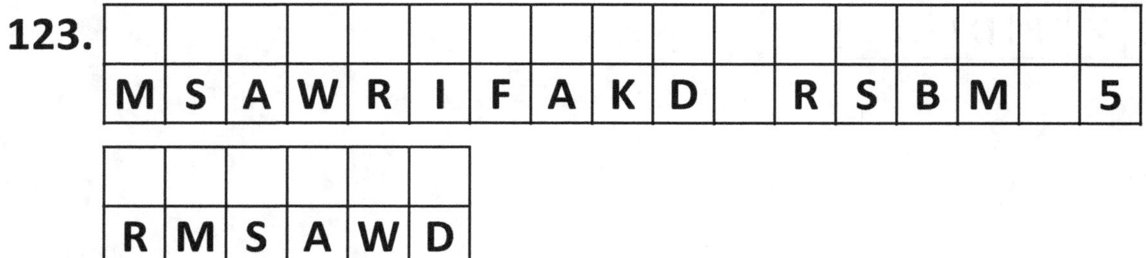

**123.**

M S A W R I F A K D   R S B M   5

R M S A W D

--

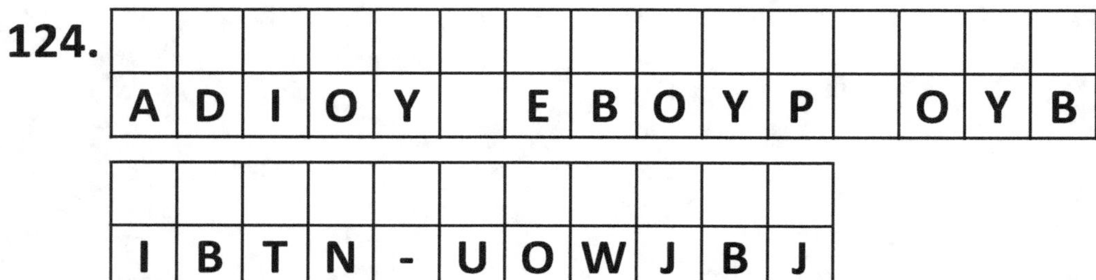

**124.**

A D I O Y   E B O Y P   O Y B

I B T N - U O W J B J

--

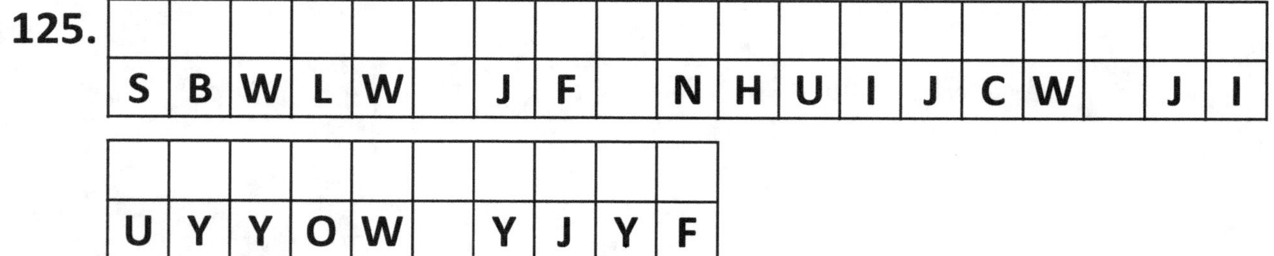

**125.**

S B W L W   J F   N H U I J C W   J I

U Y Y O W   Y J Y F

--

**CRYPTOGRAM**

**126.**

| | | | | | | | | | | | | |
|---|---|---|---|---|---|---|---|---|---|---|---|---|
| Q | | E | H | Z | Q | K | | W | O | W | M | Q | J | J |

| | | | | | | | | | | | |
|---|---|---|---|---|---|---|---|---|---|---|---|
| L | W | X | U | E | C | | Q | K | | T | H | K | P | W |

--

**127.**

| | | | | | | | | | | | | | | |
|---|---|---|---|---|---|---|---|---|---|---|---|---|---|---|
| Y | C | R | O | H | | F | S | K | O | J | Q | | O | R | T | J | C |

| | | | | | | | | | | | |
|---|---|---|---|---|---|---|---|---|---|---|---|
| E | F | R | E | R | O | Y | K | J | | E | Y | N | J |

--

**128.**

| | | | | | | | | | | | |
|---|---|---|---|---|---|---|---|---|---|---|---|
| J | V | . | | V | P | F | O | V | T | | Q | T | | Y | S |

| | | | | | | | | | | | | | |
|---|---|---|---|---|---|---|---|---|---|---|---|---|---|
| P | V | U | Y | Q | S | O | U | | J | Q | S | Q | T | H | O | V |

--

**129.**

| | | | | | | | | | | | | |
|---|---|---|---|---|---|---|---|---|---|---|---|---|
| X | S | Q | | V | Y | J | J | W | | T | S | L | | E | Z | U | J |

| | | | | | | | | | | | |
|---|---|---|---|---|---|---|---|---|---|---|---|
| 2 | 0 | 0 | | X | Y | | F | X | Y | J | | G | J | S | Y | W |

--

**130.**

C M B Y D U   H N U I Z M A   D J Y

I U F M   J W   D B U I   D I   1 9 3 5

--

**131.**

U T R   X B Q U   O B O C K E J

P J B V L   N C K N Q   E J R

U C K F O Q

--

**132.**

C   T G D J Y   D N   M C G S W   E W

X C M M F L   C P   F R C M K C K E D P

--

**133.**

W A   C K G H C P G ,   U M P Q   F M K G

O W H   C S W Z Y   1 5   T G C H Q

--

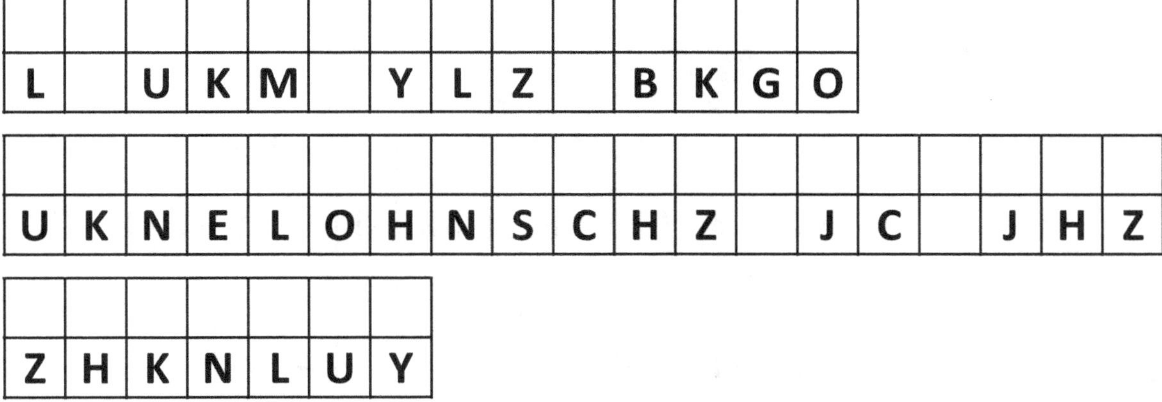

# CRYPTOGRAM

**134.**

L G Y   G Z Q Z R R Z D   Z X B G Z M Y L

V D X I   G Z U   1 2   X Y L L Y O U

--

**135.**

L   U K M   Y L Z   B K G O

U K N E L O H N S C H Z   J C   J H Z

Z H K N L U Y

--

**136.**

X B X Z Q   I T Q   2 , 7 0 0

O X A O C X   I N X   A W   V X T Z H

I N D X T D X

--

137. JMQS 90% JL YJCKJU

QHYJKISQK JGGIS CU

RJEQK

--

138. CDRUR LUR FIRU 1,800

GJFZJ XMROARX FV

VYRLX

--

139. OPBCKBXFL FZ GKY HYLP

BH OPFVY BP OPFVLGFVS

--

**140.**

XG KWI PBSWI, RWIXGYI

CY GYQ EWPB WGH

RKYRZI

--

**141.**

GSP LARG BABIMHW

QWHCO AX WHURUCR UR

RICLHUO

--

**142.**

QWPDRTFP JKRPOXFP

FPHWPUWY UVW KILOFPA

LVRFK.

--

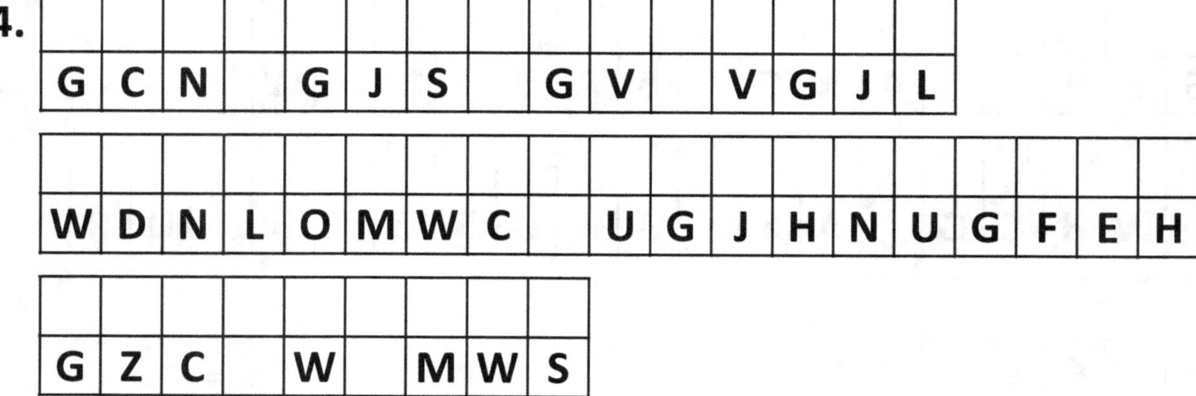

**143.**

V G V E H  3 0  M V K S L Y M  R

F S P M V  C N E V  Y S P A Q V M  N L

M N T V

**144.**

G C N  G J S  G V  V G J L

W D N L O M W C  U G J H N U G F E H

G Z C W  M W S

**145.**

G F M T M  P T M  L U M T  5 0 0

I D W W M T M Y G  G C O M Q  L W

K P Y P Y P Q

# CRYPTOGRAM

**146.**

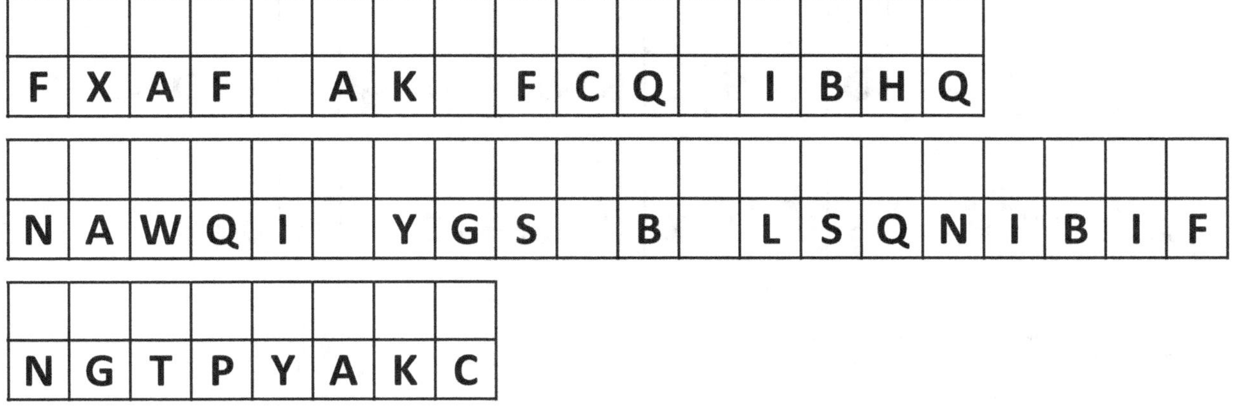

N I H T H   S T H   2 9 3   A S B X   N Z

F S P H   Y I S Q C H   R Z T   S

W Z J J S T

--

**147.**

F X A F   A K   F C Q   I B H Q

N A W Q I   Y G S   B   L S Q N I B I F

N G T P Y A K C

--

**148.**

L I N D K N   Z N Q   G V K N

D V Q C N C   U Q   V Q C

N P R D U W N C   L G N   Z U U Q

--

**149.**

HAFRAAM 12% - 15% QO

FIA LQLGECFNQM NV

EAOF - ICMJAJ

--

**150.**

ZLW FOIGZGW JW RQG

ALWR SLZZXRGB HJRN JO

RQG XWF

--

**151.**

PETLT DLT QCLT PEDU

640 QKFBXTF VU PET

EKQDU SCYG

--

# CRYPTOGRAM

**152.**

500,000 JVFT VI SUH LT QVXH VI TZCH THD UALTHUAQFT

--

**153.**

UMTTVQ CO NFV OVUMXE JMON DOVE JVNKI CX NFV HMQIE.

--

**154.**

IFCD 4% IB SXSVWP XKW SIKF IF MJWVK XAMZXC UZW UXMW

--

# CRYPTOGRAM

**155.**

| | | | | | | | | | | | | | | | | | |

| 7 | 5 | - | 9 | 0 | % | | E | K | | D | T | O | C | Q | T | F |

| D | R | F | N | O | X | O | Q | L | | H | O | N | O | G | N | | Q | T | Z |

| M | A | Z | | G | E | | N | G | T | Z | N | N |

--

**156.**

| Z | J | | H | J | | X | L | H | P | , | | H | J |

| H | D | L | P | H | E | L | | Y | L | P | F | G | J | | Q | H | R | L | F |

| 1 | , | 1 | 4 | 0 | | Y | C | G | J | L | | V | H | I | I | F |

--

**157.**

| P | W | T | E | : | S | U | H | V | H | Q | P | W | T | E | , |

| X | W | U | U | H | Q | P | W | T | E | , |

| E | S | T | O | H | Q | P | W | T | E | , | | N | Q | P |

| X | N | M | N | U | P | W | T | E |

--

# CRYPTOGRAM

**158.**

| C | F |  | W | Q | M | U | W | Y | M |  | E | M | C | E | T | M |

| B | M | W | U |  | P | E | D | Z | M | U | P |  | O | C | U | M |

| R | I | W | F |  | R | I | M | G |  | Z | C |  | Z | M | W | R | I |

--

**159.**

| F | N | P |  | G | O | V | S | P |  | Z | P | F | Y | P | P | I |

| A | T | L | C |  | P | A | P | Z | C | T | Y | G |  | Q | G |

| S | V | U | U | P | M |  | F | N | P |  | X | U | V | Z | P | U | U | V |

--

**160.**

| Q | I | U | W | U |  | E | W | U |

| E | X | X | W | J | S | V | C | E | Q | U | R | A |

| 7 | 5 | , | 0 | 0 | 0 | , | 0 | 0 | 0 |  | I | J | W | M | U | M |  | V | L |

| Q | I | U |  | D | J | W | R | F |

--

# CRYPTOGRAM - HINTS (1/2)

| # | Hints | # | Hints |
|---|---|---|---|
| 1. | R => E, U => B, H => F | 27. | J => R, K => L, T => M |
| 2. | O => E, H => S, L => H | 28. | E => S, F => I, H => N |
| 3. | U => A, L => R, B => E | 29. | W => E, G => R, Q => N |
| 4. | R => A, I => E, L => N | 30. | D => T, N => O, H => L |
| 5. | A => I, O => F, F => R | 31. | B => V, L => K, R => Y |
| 6. | W => D, Y => E, S => O | 32. | Q => E, I => L, A => M |
| 7. | B => T, K => A, O => V | 33. | Y => C, E => T, K => M |
| 8. | P => A, Q => I, K => E | 34. | S => O, R => E, T => I |
| 9. | K => W, Z => U, S => T | 35. | N => B, K => S, A => N |
| 10. | O => A, H => R, Z => T | 36. | E => T, F => Y, M => E |
| 11. | H => L, T => S, U => E | 37. | A => R, G => N, C => E |
| 12. | R => A, K => E, U => I | 38. | R => O, W => L, U => E |
| 13. | V => A, Y => E, F => H | 39. | C => I, D => M, P => A |
| 14. | R => S, M => V, O => E | 40. | P => T, R => S, A => M |
| 15. | Q => A, U => G, H => O | 41. | B => O, C => S, D => L |
| 16. | K => T, V => I, U => H | 42. | Y => I, C => K, B => A |
| 17. | S => L, F => R, M => T | 43. | M => H, T => E, R => T |
| 18. | Z => P, J => R, R => T | 44. | O => I, K => W, S => O |
| 19. | G => P, T => E, A => C | 45. | O => G, E => N, Y => H |
| 20. | Y => R, S => M, N => F | 46. | T => O, Q => V, Z => H |
| 21. | Y => T, M => C, D => Y | 47. | Q => K, P => E, G => N |
| 22. | O => E, F => S, L => A | 48. | E => R, M => E, F => N |
| 23. | S => U, X => T, L => Y | 49. | Y => W, J => A, L => Y |
| 24. | R => Y, A => S, L => A | 50. | R => I, F => S, B => D |
| 25. | T => B, W => S, E => F | 51. | L => R, I => E, K => T |
| 26. | S => T, P => L, U => E | 52. | M => F, U => S, S => E |

# CRYPTOGRAM - HINTS (2/2)

| | | | |
|---|---|---|---|
| **53.** | T => N, H => L, J => H | **79.** | Y => S, H => N, B => I |
| **54.** | I => O, Y => H, M => W | **80.** | O => M, K => P, J => Y |
| **55.** | E => H, Q => F, X => A | | |
| **56.** | Y => C, S => N, I => R | | |
| **57.** | E => A, J => T, Y => R | | |
| **58.** | F => S, B => A, L => O | | |
| **59.** | X => L, H => A, S => N | | |
| **60.** | S => T, U => C, L => H | | |
| **61.** | R => I, A => T, Y => O | | |
| **62.** | C => N, J => B, E => R | | |
| **63.** | Z => Q, F => O, P => Z | | |
| **64.** | H => N, Q => C, F => H | | |
| **65.** | I => D, J => V, O => E | | |
| **66.** | M => W, H => E, Q => I | | |
| **67.** | P => A, S => L, B => T | | |
| **68.** | S => L, U => E, G => O | | |
| **69.** | P => C, R => T, X => E | | |
| **70.** | J => T, F => O, Z => E | | |
| **71.** | Z => E, R => H, S => M | | |
| **72.** | C => O, B => T, V => E | | |
| **73.** | L => S, Z => R, E => O | | |
| **74.** | M => E, Z => A, R => O | | |
| **75.** | A => T, W => V, L => U | | |
| **76.** | L => N, X => H, Y => R | | |
| **77.** | C => A, D => R, G => E | | |
| **78.** | Q => O, I => D, G => T | | |

# CRYPTOGRAM - HINTS

| # | Hint | # | Hint |
|---|---|---|---|
| 81. | Z => C, S => A, O => E | 101. | F => L, R => I, A => T |
| 82. | A => N, L => A, V => B | 102. | Q => L, P => F, Z => O |
| 83. | K => B, Z => N, H => A | 103. | B => A, Q => F, H => N |
| 84. | G => S, I => R, D => F | 104. | K => E, W => A, C => B |
| 85. | E => O, W => Y, T => B | 105. | I => N, P => O, U => Y |
| 86. | G => T, P => N, X => R | 106. | B => F, Z => A, V => R |
| 87. | Z => E, Q => H, G => S | 107. | F => O, X => M, N => Y |
| 88. | F => C, O => A, G => E | 108. | Q => S, G => K, M => H |
| 89. | U => L, D => U, H => Y | 109. | B => E, F => A, Q => H |
| 90. | I => H, O => I, D => N | 110. | H => E, K => N, U => O |
| 91. | L => T, Z => I, Q => E | 111. | R => W, Z => S, V => T |
| 92. | D => I, N => W, L => M | 112. | N => U, R => L, L => S |
| 93. | G => T, P => O, R => U | 113. | Z => T, N => E, A => O |
| 94. | T => P, B => I, E => R | 114. | A => H, D => E, N => O |
| 95. | N => T, T => L, Y => D | 115. | B => A, K => T, O => I |
| 96. | Y => H, Q => R, X => S | 116. | T => M, X => E, K => T |
| 97. | E => S, B => T, W => O | 117. | H => S, V => A, G => L |
| 98. | P => U, B => K, L => D | 118. | Z => S, K => I, F => H |
| 99. | J => Z, W => L, G => H | 119. | Q => E, G => R, M => H |
| 100. | F => U, S => J, B => O | 120. | I => A, Z => G, R => F |

# CRYPTOGRAM - HINTS

| # | Hint | # | Hint |
|---|------|---|------|
| 121. | U => O, G => L, W => E | 149. | Q => O, N => I, A => E |
| 122. | K => S, A => M, X => O | 150. | W => S, I => G, X => U |
| 123. | A => R, M => E, D => S | 151. | L => R, P => T, F => S |
| 124. | U => H, N => T, D => O | 152. | T => S, U => H, V => I |
| 125. | O => L, I => N, N => C | 153. | O => S, F => H, V => E |
| 126. | M => B, H => U, W => E | 154. | C => L, I => O, S => B |
| 127. | E => C, C => D, K => T | 155. | G => T, M => D, Z => E |
| 128. | T => S, O => E, P => O | 156. | L => E, J => N, Q => M |
| 129. | S => A, E => L, Y => R | 157. | E => S, V => M, X => H |
| 130. | B => R, J => T, U => A | 158. | Y => G, C => O, W => A |
| 131. | T => H, V => W, R => E | 159. | M => D, P => E, V => A |
| 132. | C => A, J => U, G => R | 160. | V => I, M => S, R => L |
| 133. | G => E, W => O, U => P | | |
| 134. | L => T, O => R, Z => A | | |
| 135. | B => F, L => A, U => C | | |
| 136. | X => E, C => L, N => I | | |
| 137. | J => O, S => R, G => C | | |
| 138. | R => E, V => F, Z => W | | |
| 139. | F => I, B => O, K => H | | |
| 140. | G => N, Y => O, R => C | | |
| 141. | S => H, H => A, M => L | | |
| 142. | W => E, Y => D, P => N | | |
| 143. | R => A, E => R, V => E | | |
| 144. | L => R, N => E, M => C | | |
| 145. | T => R, Y => N, U => V | | |
| 146. | N => T, S => A, H => E | | |
| 147. | N => G, A => I, H => M | | |
| 148. | U => O, L => T, Q => N | | |

# CRYPTOGRAM - ANSWERS (1/6)

| | |
|---|---|
| 1. | Table tennis balls have been known to travel off the paddle at speeds up to 160 km/hr. |
| 2. | Slugs have four noses. |
| 3. | Every person, including identical twins, has a unique eye & tongue print along with their fingerprint. |
| 4. | The Declaration of Independence was written on hemp (marijuana) paper. |
| 5. | The Olympic was the sister ship of the Titanic, and she provided twenty-five years of service. |
| 6. | A Czech man, Jan Honza Zampa, holds the record for drinking one liter of beer in 4.11 seconds. |
| 7. | Your stomach produces a new layer of mucus every two weeks so that it doesn't digest itself. |
| 8. | Buckingham Palace in England has over six hundred rooms. |
| 9. | The venom of the Australian Brown Snake is so powerful only 1/14,000th of an ounce is enough to kill a human. |
| 10. | The human brain is about 75% water. |
| 11. | The angel falls in Venezuela are nearly 20 times taller than Niagara Falls. |
| 12. | A housefly will regurgitate its food and eat it again. |
| 13. | The shortest British monarch was Charles I, who was 4 feet 9 inches. |
| 14. | A spider's web is not a home, but rather a trap for its food. They are as individual as snowflakes, with no two ever being the same. Some tropical spiders have built webs over eighteen feet across. |

| | |
|---|---|
| **15.** | Average life span of a major league baseball: 7 pitches.<br><br>-- |
| **16.** | Dreamt is the only English word that ends in the letters "mt."<br><br>-- |
| **17.** | The dot over the letter "i" is called a tittle.<br><br>-- |
| **18.** | In Utah, it is illegal to swear in front of a dead person.<br><br>-- |
| **19.** | The name Jeep comes from "GP", the army abbreviation for General Purpose.<br><br>-- |
| **20.** | In 1933, Mickey Mouse, an animated cartoon character, received 800,000 fan letters.<br><br>-- |
| **21.** | Vatican City is the smallest country in the world, with a population of 1000 and just 108.7 acres.<br><br>-- |
| **22.** | Dueling is legal in Paraguay as long as both parties are registered blood donors.<br><br>-- |
| **23.** | Every time you lick a stamp, you're consuming 1/10 of a calorie.<br><br>-- |
| **24.** | Bats always turn left when exiting a cave.<br><br>-- |
| **25.** | The rhinoceros beetle is the strongest animal and is capable of lifting 850 times its own weight.<br><br>-- |
| **26.** | The youngest pope ever was 11 years old.<br><br>-- |
| **27.** | Almonds are a member of the peach family.<br><br>-- |
| **28.** | Triskaidekaphobia means fear of the number 13.<br><br>-- |
| **29.** | More than 1,000 different languages are spoken on the continent of Africa.<br><br>-- |

| | |
|---|---|
| **30.** | Mercury is the only planet whose orbit is coplanar with its equator. |
| | -- |
| **31.** | Chocolate can kill dogs; it directly affects their heart and nervous system. |
| | -- |
| **32.** | If you feed a seagull Alka-Seltzer, its stomach will explode. |
| | -- |
| **33.** | Most lipstick contains fish scales. |
| | -- |
| **34.** | Rape is reported every six minutes in the U.S. |
| | -- |
| **35.** | There are 45 miles of nerves in the skin of a human being. |
| | -- |
| **36.** | On average, 12 newborns will be given to the wrong parents every day. |
| | -- |
| **37.** | The U.S. bought Alaska for 2 cents an acre from Russia. |
| | -- |
| **38.** | There are over 58 million dogs in the US |
| | -- |
| **39.** | Flies jump backwards during takeoff. |
| | -- |
| **40.** | Sugar was first added to chewing gum in 1869 by a dentist, William Semple. |
| | -- |
| **41.** | Laredo, Texas is the U.S.'s farthest inland port. |
| | -- |
| **42.** | A word or sentence that is the same front and back (racecar, kayak) is called a "palindrome". |
| | -- |
| **43.** | The world's oldest piece of chewing gum is 9000 years old! |
| | -- |
| **44.** | A pregnant goldfish is called a twit. |
| | -- |

# CRYPTOGRAM - ANSWERS (4/6)

| | |
|---|---|
| **45.** | Dreamt is the only English word that ends in the letters "MT".<br><br>-- |
| **46.** | Denver, Colorado lays claim to the invention of the cheeseburger.<br><br>-- |
| **47.** | 14% of all facts and statistics are made up and 27% of people know that fact.<br><br>-- |
| **48.** | In "Silence of the Lambs", Hannibal Lector (Anthony Hopkins) never blinks.<br><br>-- |
| **49.** | Your stomach has to produce a new layer of mucus every two weeks or it will digest itself.<br><br>-- |
| **50.** | The first McDonald's restaurant in Canada was in Richmond, British Columbia.<br><br>-- |
| **51.** | 13% of Americans actually believe that some parts of the moon are made of cheese.<br><br>-- |
| **52.** | Humans use a total of 72 different muscles in speech.<br><br>-- |
| **53.** | Cuba is the only island in the Caribbean to have a railroad.<br><br>-- |
| **54.** | There is a 1 in 4 chance that New York will have a white Christmas.<br><br>-- |
| **55.** | In Utah, it is illegal to swear in front of a dead person.<br><br>-- |
| **56.** | Cats' urine glows under a black light.<br><br>-- |
| **57.** | The only real person to be a PEZ head was Betsy Ross.<br><br>-- |
| **58.** | Male bats have the highest rate of homosexuality of any mammal.<br><br>-- |

| | |
|---|---|
| **59.** | The Philippines has about 7,100 islands, of which only about 460 are more than 1 square mile in area. |
| **60.** | Warren Beatty and Shirley McLaine are brother and sister. |
| **61.** | The glue on Israeli postage is certified kosher. |
| **62.** | In New York State, it is illegal to but any alcohol on Sundays before noon. |
| **63.** | A cat uses its whiskers to determine if a space is too small to squeeze through. |
| **64.** | The people of Israel consume more turkeys per capita than any other country. |
| **65.** | Right handed people live, on average, nine years longer than left handed people do. |
| **66.** | The human body is comprised of 80% water. |
| **67.** | Frank Lloyd Wright's son invented Lincoln Logs. |
| **68.** | The average lead pencil will draw a line 35 miles long or write approximately 50,000 English words. |
| **69.** | Dolphins can look in different directions with each eye. They can sleep with one eye open. |
| **70.** | Only one in two billion people will live to be 116 or older. |
| **71.** | In the last 4000 years no new animals have been domesticated. |
| **72.** | A mole can dig a tunnel 300 feet (91 m) long in just one night. |
| **73.** | In golf, a 'Bo Derek' is a score of 10. |

# CRYPTOGRAM - ANSWERS (6/6)

| 74. | Many butterflies can taste with their feet to find out whether the leaf they sit on is good to lay eggs on to be their caterpillars' food or not. |
| --- | --- |
| 75. | The world's youngest parents were 8 and 9 and lived in China in 1910. |
| 76. | The toothbrush was invented in China in 1498. |
| 77. | Elephants only sleep for two hours each day. |
| 78. | Rats and horses can't vomit. |
| 79. | Humans use a total of 72 different muscles in speech. |
| 80. | Donkeys kill more people than plane crashes. |

# CRYPTOGRAM - ANSWERS (1/3)

| | |
|---|---|
| **81.** | Sex is biochemically no different from eating large quantities of chocolate. |
| **82.** | A healthy (non-colorblind) human eye can distinguish between 500 shades of gray. |
| **83.** | In 1984, a Canadian farmer began renting advertising space on his cows. |
| **84.** | A rhinoceros horn is made of compacted hair. |
| **85.** | It is impossible to lick your elbow. |
| **86.** | If you keep a goldfish in the dark room, it will eventually turn white. |
| **87.** | When you sneeze, all your bodily functions stop even your heart. |
| **88.** | A cat has 32 muscles in each ear. |
| **89.** | A polar bears skin is black. Its fur is actually clear, but like snow it appears white. |
| **90.** | Children grow faster in the springtime. |
| **91.** | The U.S. city with the highest rate of lightning strikes per capita is Clearwater, Florida. |
| **92.** | A female ferret will die if it goes into heat and cannot find a mate. |
| **93.** | You're born with 300 bones, but by the time you become an adult, you only have 206. |
| **94.** | Venus observa is the technical term for the "missionary position." |
| **95.** | The Automated Teller Machine (ATM) was introduced in England in 1965. |
| **96.** | Warren Beatty and Shirley McLaine are brother and sister. |
| **97.** | Termites have been known to eat food twice as fast when heavy metal music is playing. |

| | |
|---|---|
| **98.** | By raising your legs slowly and lying on your back, you cannot sink into quicksand. |
| **99.** | The first bomb the Allies dropped on Berlin in WWII killed the only elephant in the Berlin Zoo. |
| **100.** | "Judge Judy" has a $25,000,000 salary, while Supreme Court Justice Ginsberg has a $190,100 salary. |
| **101.** | The average person falls asleep in seven minutes. |
| **102.** | The "Dull Men's Hall of Fame" is located in Carroll, Wisconsin. |
| **103.** | Paraskevidekatriaphobia means fear of Friday the 13th, which occurs one to three times a year. |
| **104.** | There are about a million ants per person. Ants are very social animals and will live in colonies that can contain almost 500,000 ants. |
| **105.** | People eat insects – called "Entomophagy"(people eating bugs) – it has been practiced for centuries throughout Africa, Australia, Asia, the Middle East, and North, Central and South America. Why? Because many bugs are both protein-rich and good sources of vitamins, minerals and fats. |
| **106.** | The average shelf-life of a latex condom is about two years. |
| **107.** | Thirty-five percent of the people who use personal ads for dating are already married. |
| **108.** | In Raiders of the Lost Ark there is a wall carving of R2-D2 and C-3P0 behind the ark |
| **109.** | The average Japanese household watches more than 10 hours of television a day. |
| **110.** | When the Titanic sank, 2228 people were on it. Only 706 survived. |
| **111.** | Astronaut Neil Armstrong first stepped on the moon with his left foot. |
| **112.** | The Michelin man is known as Mr. Bib. His name was Bibendum in the company's first ads in 1896. |
| **113.** | They NEVER said "Beam me up, Scotty" on Star Trek. |

# CRYPTOGRAM - ANSWERS (3/3)

| | |
|---|---|
| **114.** | It takes more calories to eat a piece of celery than the celery has in it to begin with. <br><br> -- |
| **115.** | Common Cobra venom is not on the list of top 10 venoms yet it is still 40 times more toxic than cyanide. <br><br> -- |
| **116.** | The human feet perspire half a pint of fluid a day <br><br> -- |
| **117.** | Julius Caesar's autograph is worth about $2,000,000. <br><br> -- |
| **118.** | Jim Henson first coined the word "Muppet". It is a combination of "marionette" and "puppet." <br><br> -- |
| **119.** | An average human loses about 200 head hairs per day. <br><br> -- |
| **120.** | The state of Florida is bigger than England. <br><br> -- |

# CRYPTOGRAM - ANSWERS

| | |
|---|---|
| 121. | Ants do not sleep |
| 122. | Uranus has 27 moons |
| 123. | Earthworms have 5 hearts |
| 124. | Polar bears are left-handed |
| 125. | There is cyanide in apple pips |
| 126. | A human eyeball weighs an ounce |
| 127. | Adolf Hitler loved chocolate cake |
| 128. | Mr. Rogers is an ordained minister |
| 129. | Oak trees can live 200 or more years |
| 130. | Persia changed its name to Iran in 1935 |
| 131. | The most popular grown bulbs are tulips |
| 132. | A group of larks is called an exaltation |
| 133. | On average, pigs live for about 15 years |
| 134. | The Hawaiian alphabet only has 12 letters |
| 135. | A cow has four compartments in its stomach |
| 136. | Every day 2,700 people die of heart disease |

# CRYPTOGRAM - ANSWERS

| 137. | Over 90% of poison exposures occur in homes |
| 138. | There are over 1,800 known species of fleas |
| 139. | Urophobia is the fear of urine or urinating |
| 140. | In Las Vegas, casinos do not have any clocks |
| 141. | The most popular brand of raisins is Sunmaid |
| 142. | Benjamin Franklin invented the rocking chair. |
| 143. | Every 30 seconds a house fire doubles in size |
| 144. | One out of four American households own a cat |
| 145. | There are over 500 different types of bananas |
| 146. | There are 293 ways to make change for a dollar |
| 147. | Twit is the name given for a pregnant goldfish |
| 148. | Twelve men have landed on and explored the moon |
| 149. | Between 12%-15% of the population is left-handed |
| 150. | Los Angeles is the most polluted city in the USA |
| 151. | There are more than 640 muscles in the human body |
| 152. | 500,000 kids in the US live in same sex households |

# CRYPTOGRAM - ANSWERS ( )

| | |
|---|---|
| 153. | Copper is the second most used metal in the world.<br>-- |
| 154. | Only 4% of babies are born on their actual due date<br>-- |
| 155. | 75-90% of primary physician visits are due to stress<br>-- |
| 156. | In an year, an average person makes 1,140 phone calls<br>-- |
| 157. | dous:tremendous, horrendous, stupendous, and hazardous<br>-- |
| 158. | On average people fear spiders more than they do death<br>-- |
| 159. | The space between your eyebrows is called the Glabella<br>-- |
| 160. | There are approximately 75,000,000 horses in the world<br>-- |
| | -- |
| | -- |
| | -- |
| | -- |
| | -- |
| | -- |
| | -- |